Impressum
Verlag: BABADADA GmbH, Nedderfeld 112 , 22529 Hamburg
Geschäftsführer / Verlagsleitung: Harald Hof
Druck: Books on Demand GmbH, In de Tarpen 42, 22848 Norderstedt

Imprint
Publisher: BABADADA GmbH, Nedderfeld 112 , 22529 Hamburg, Germany
Managing Director / Publishing direction: Harald Hof
Print: Books on Demand GmbH, In de Tarpen 42, 22848 Norderstedt

school

سکول

classroom
کلاس روم
divide
تقسیم
186/2
board
بورڈ
سکول نا میدان
teacher
استاد
paper
کاغذ
write
لکھنا
pen
قلم
desk
میز
ruler
سکیل
book
کتاب
pupil
شاگرد

satchel

جزدان

pencil case

پینسل دا ڈبہ

pencil

پینسل

pencil sharpener

پینسل شارپنر

rubber

ربر

drawing pad

ڈرائنگ پیڈ

drawing

ڈرائنگ

paintbrush

پینٹ برش

paint box

پینٹ باکس

scissors

قینچی

glue

گلو

exercise book

مشقی کتاب

homework

گھر دا کم

number

عدد

add

جمع

subtract

تفریق

multiply

ضرب

calculate

کیلکولیٹ

letter

خطرہ

alphabet

حروف تہجی

word

لفظ

text

متن

read

پڑھنا

chalk

چاک

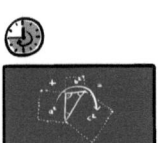

lesson

سبق

register

رجسٹر

exam

امتحان

certificate

سند

school uniform

سکول نی وردی

education

تعلیم

encyclopedia

انسائیکلوپیڈیا

university

یونیورسٹی

microscope

مائیکرو سکوپ

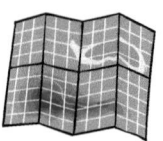

map

نقشہ

waste-paper basket

کچرے نا ڈبہ

hotel
بوٹل

hostel
باسٹل

bureau de change
ایکسچینج دفتر

car
کار

language
بولی

yes / no
ہاں /نہیں

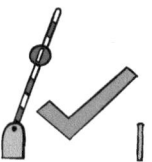

Okay
ٹھیک ہے

hello
اسلام و علیکم

translator
ترجمان

Thank you
شکریہ

how much is...?

ایہہ کنے نے ؟

I do not understand

می سمجھ نئیں رلی

problem

مسئلہ

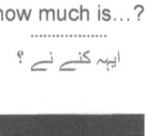

Good evening!

اسلام و علیکم

Good morning!

اسلام و علیکم

Good night!

اللہ حافظ

bye bye

اللہ نے حوالے

direction

سمت

luggage

سامان

bag

بیگ

backpack

بیک پیک

guest

مہمان

room

کمرہ

sleeping bag

سلیپنگ بیگ

tent

خیمہ

tourist information

سیاح لئی معلومات

beach

ساحل سمندر

credit card

کریڈٹ کارڈ

breakfast

ناشتہ

lunch

دوپہر نا کھانا

dinner

رات نا کھانا

ticket

ٹکٹ

lift

لفٹ

stamp

مہر

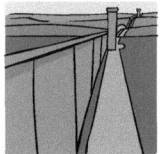

border

بارڈر

customs

کسٹمز

embassy

ایمبیسی

visa

ویزا

passport

پاسپورٹ

transport

ٹرانسپورٹ

aeroplane
جہاز
ship
پانی آلا جہاز
fire engine
فائر انجن
bus
بس
truck
ٹرک
motorboat
موٹر بوٹ
bike
بائیک
car
کار

ferry

فیری

boat

کشتی

motorbike

موٹر بائیک

police car

پولیس کار

racing car

ریسنگ کار

rental car

کرایہ نی گڈ

car sharing

کار شئیرنگ

breakdown truck

بریک ڈاؤن ٹرک

refuse truck

ریفیوز ٹرک

motor

موٹر

fuel

فیول

petrol station

پٹرول سٹیشن

traffic sign

ٹریفک سائن

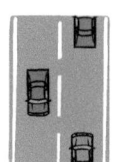

traffic

ٹریفک

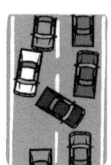

traffic jam

ٹریفک جام

car park

کار پارک

train station

ریل سٹیشن

tracks

ٹریکس

train

ریل

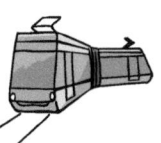

tram

ٹرام

carriage

کیرج

helicopter

ہیلی کاپٹر

airport

ائر پورٹ

tower

مینار

passenger

مسافر

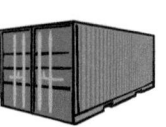

container

کنٹینر

carton

کاٹن

cart

چھکڑا

basket

بالٹی

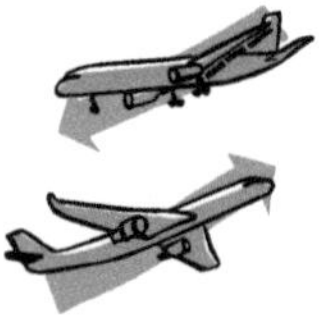

take off / land

اڑنا / لہنا

city

شہر

village

پنڈ

city centre

سٹی سینٹر

house

کھار

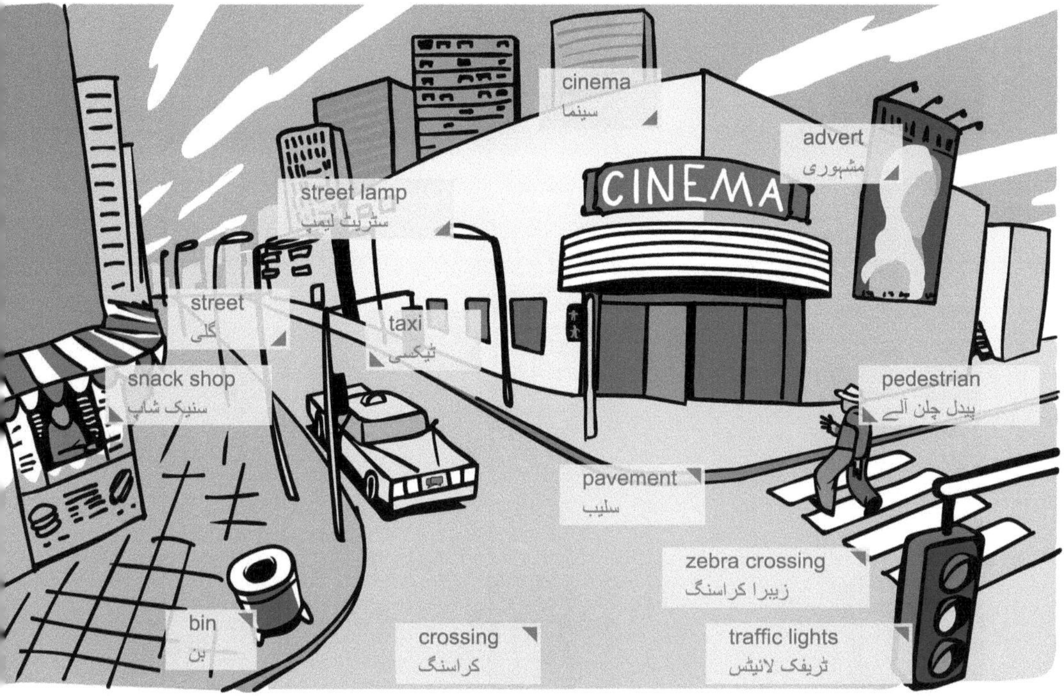

cinema
سینما
CINEMA
advert
مشہوری
street lamp
سٹریٹ لیمپ
street
گلی
taxi
ٹیکسی
snack shop
سنیک شاپ
pedestrian
پیدل چلن آلے
pavement
سلیب
zebra crossing
زیبرا کراسنگ
bin
بن
crossing
کراسنگ
traffic lights
ٹریفک لائیٹس

hut

ہٹ

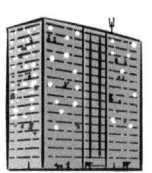

flat

فلیٹ

train station

ریل سٹیشن

town hall

ٹاؤن ہال

museum

میوزئیم

school

سکول

university

یونیورسٹی

bank

بنک

hospital

ہسپتال

hotel

ہوٹل

pharmacy

فارمیسی

office

دفتر

book shop

کتب خانہ

shop

ہٹی

florist's

پھلاں الے

supermarket

سپر مارکیٹ

market

بازار

department store

ڈیپارٹمنٹ سٹور

fishmonger's

مچھیرے

shopping centre

شاپنگ سینٹر

harbour

بندرگاہ

park

پارک

bench

بنچ

bridge

پل

stairs

سیڑھیاں

underground

انڈر گراؤنڈ

tunnel

ٹنل

bus stop

بس سٹاپ

bar

بار

restaurant

ریسٹورنٹ

postbox

پوسٹ بکس

street sign

سٹریٹ سائن

parking meter

پارکنگ میٹر

zoo

چڑیا کھار

swimming pool

سونمنگ پول

mosque

مسجد

farm

فارم

pollution

آلودگی

graveyard

قبرستان

church

چرچ

playground

پلے گراؤنڈ

temple

مندر

landscape

منظر

signpost
سائن پوسٹ

way
راه

meadow
سر سبز میدان

stone
پتھر

tree
درخت

hiker
ہائیکر

river
دریا

grass
گھاس

flower
پھول

valley

وادی

hill

پہاڑی

lake

نہر

forest

جنگل

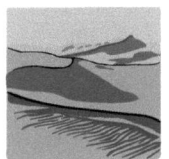

desert

صحرا

volcano

آتش فشاں

castle

قلعہ

rainbow

رین بو

mushroom

کھمبی

palm tree

پام ٹری

mosquito

مچھر

fly

مکھی

ant

چیونٹا

bee

مکھی

spider

مکڑی

beetle

بھونرا

frog

مینڈک

squirrel

گلہری

hedgehog

سیہہ

hare

ساھیا

owl

الو

bird

پرندہ

swan

راج ہنس

boar

نر سور

deer

ہرن

moose

بارہ سنگا

dam

ڈیم

wind turbine

ونڈ ٹربائن

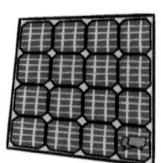

solar panel

شمسی توانائی دا پینل

climate

آب و ہوا

restaurant
ریسٹورنٹ

waiter
ویٹر
menu
مینیو
chair
کرسی
soup
سوپ
pizza
پیزا
cutlery
tablecloth
میز نا کپڑا

starter
ستارٹر

main course
مین کورس

dessert
ڈیزرٹ

drinks
مشروب

food
کھانا

bottle
بوتل

fast food
فاسٹ فوڈ

street food
سٹریٹ فوڈ

teapot
ٹی پاٹ

sugar bowl
شوگر بول

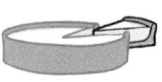

portion
پورشن

espresso machine
اسپریسو مشین

high chair
ہائی چئیر

bill
بل

tray
ٹرے

knife
چھری

fork
کنڈا

spoon
چمچ

teaspoon
ٹی سپون

serviette
تولیہ

glass
گلاس

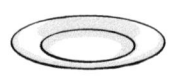

plate

پلیٹ

soup plate

سوپ پلیٹ

saucer

ساسر

sauce

چٹنی

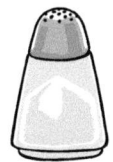

salt pot

نمک دانی

pepper mill

پیپر مل

vinegar

سرکہ

oil

تیل

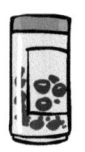

spices

مصالحہ

ketchup

کیچپ

mustard

سرہیئوں

mayonnaise

مینیز

supermarket

سپر مارکیٹ

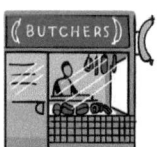

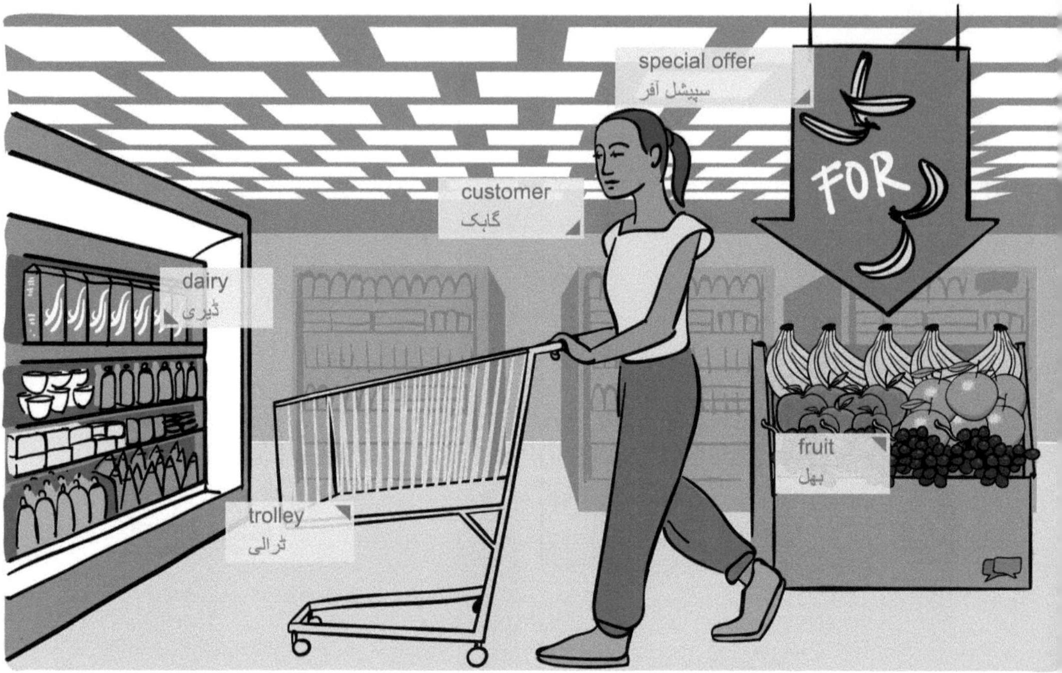
special offer
سپیشل آفر
FOR
customer
گاہک
dairy
ڈیری
fruit
پھل
trolley
ٹرالی

BUTCHERS

butcher´s

قصائی

BAKERY

baker´s

بیکرز

weigh

وزن

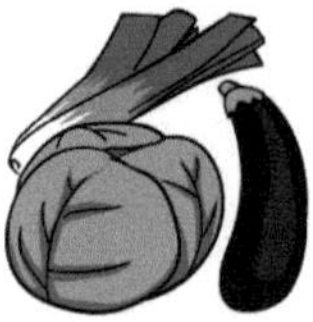

vegetables

سبزیاں

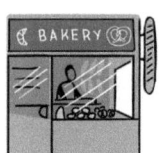

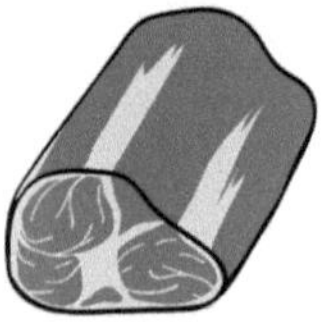

meat

گوشت

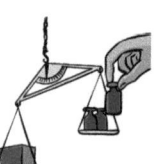

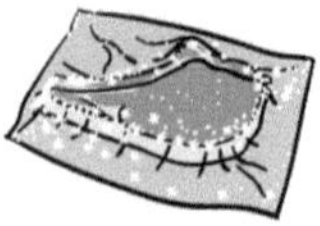

frozen food

فروزن فوڈ

cold meat

کولڈ گوشت

tinned food

ٹن فوڈ

washing powder

واشگ پوڈر

sweets

مٹھائی

household products

کھار دیاں چیزاں

cleaning products

صفائی آلی چیزاں

salesperson

سیل مین

till

ٹل

cashier

کیشئیر

shopping list

شاپنگ لسٹ

opening hours

کھلن دا ویلا

wallet

پرس

credit card

کریڈٹ کارڈ

bag

بیگ

plastic bag

پلاسٹک بیگ

drinks

مشروب

water

پانی

juice

جوس

milk

دده

coke

کوک

wine

شراب

beer

شراب

alcohol

شراب

cocoa

کوکا

tea

چا

coffee

کافی

espresso

اسپریسو

cappuccino

کیپچینو

banana

کیلا

apple

سیب

orange

موسمبی

melon

تربوز

lemon

نیمبو

carrot

گاجر

garlic

لہسن

bamboo

بانس

onion

پیاز

mushroom

کھمبی

nuts

میوے

noodles

نوڈلز

spaghetti

سپیگیٹی

rice

چاول

salad

سلاد

chips

چپس

fried potatoes

تلے ہوئے آلو

pizza

پیزا

hamburger

ہیم برگر

sandwich

سینڈوچ

cutlet

تکے

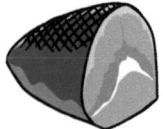

ham

ہیم

salami

سلامی

sausage

ساسج

chicken

مرغی

roast

بھنیا ہویا

fish

مچھی

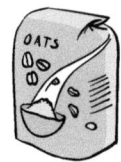

porridge oats

جو نا دلیہ

muesli

مولی

cornflakes

کارن فلیکس

flour

آٹا

croissant

کرائسنٹ

bread roll

بریڈ رول

bread

روٹی

toast

ٹوسٹ

biscuits

بسکٹ

butter

مکھن

curd

دہی

cake

کیک

egg

انڈا

fried egg

تلیا انڈا

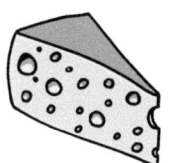

cheese

پنیر

ice cream

آئس کریم

sugar

چینی

honey

شہد

jam

جام

chocolate spread

چاکلیٹ سپریڈ

curry

سالن

farm
فارم

goat

بکری

cow

گاں

calf

بچھڑا

pig

سور

piglet

پگ لیٹ

bull

بیل

goose

بطخ

duck

بطخ

chick

چوزہ

hen

مرغی

cock

مرغا

rat

چوہا

cat

بلی

mouse

چوہا

ox

بیل

dog

کتا

doghouse

کتے نا کھار

garden hose

لان نا پائپ

watering can

پانی نا ڈبی

scythe

درانتی

plough

ہل

sickle
درانتی

hoe
ہو

pitchfork
ترنگل

axe
کوہاڑی

wheelbarrow
ریڑھی

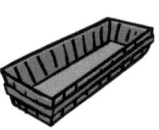

trough
ڈونگا

milk can
ددھ نا ڈبہ

sack
بورا

fence
باڑ

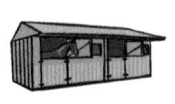

stable
اصطبل

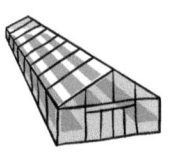

greenhouse
گرین ہاؤس

soil
مٹی

seed
بیج

fertilizer
کھاد

combine harvester
کمبائن ہارویسٹر

harvest

فصل

harvest

فصل

yams

یامز

wheat

کنک

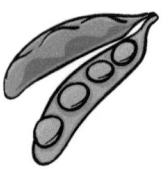

soy

سویا

potato

آلو

corn

مکئی

rapeseed

تلی

fruit tree

پهلدار درخت

cassava

کاساوا

cereals

اناج

house

کهار

living room

لونگ روم

bathroom

باته روم

kitchen

باورچہ خانہ

bedroom

بیڈروم

child's room

بچیاں نا کمرہ

dining room

ڈائننگ روم

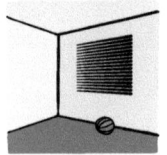

floor

فرش

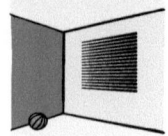

wall

دیوار

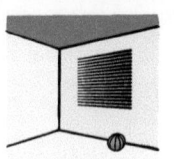

ceiling

چھت

cellar

سلہا

sauna

سوانا

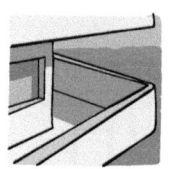

balcony

بالکنی

terrace

ٹیرس

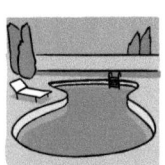

pool

پول

lawn mower

لان موور

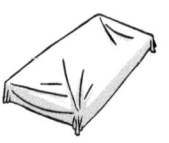

sheet

شیٹ

bedspread

بیڈ سپریڈ

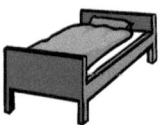

bed

بیڈ

broom

جھاڑو

bucket

بالٹی

switch

سوئچ

living room
لونگ روم

carpet

قالین

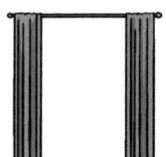

curtain

پردے

table

میز

chair

کرسی

rocking chair

راکنگ چئیر

armchair

آرم چئیر

book

كتاب

blanket

كمبل

decoration

ڈیکوریشن

firewood

کولے

film

فلم

hi-fi equipment

ہائی فائی آلات

key

چابی

newspaper

اخبار

painting

پینٹنگ

poster

پوسٹر

radio

ریڈیو

notepad

نوٹ پیڈ

hoover

ہوور

cactus

کیکٹس

candle

موم بتی

kitchen
باورچہ خانہ

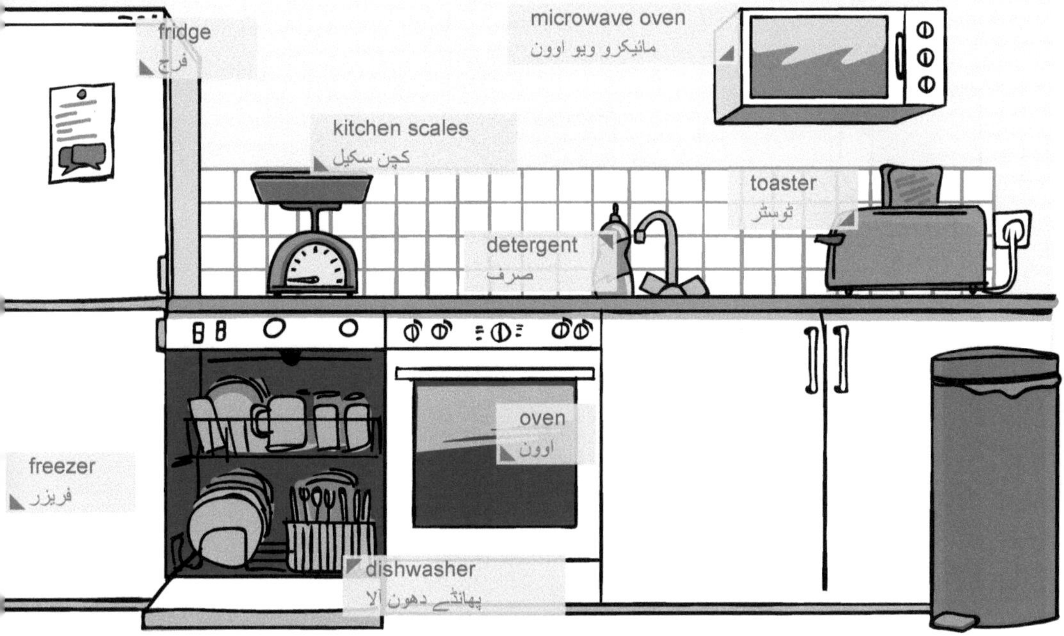
fridge
فرج
microwave oven
مائیکرو ویو اوون
kitchen scales
کچن سکیل
toaster
ٹوسٹر
detergent
صرف
oven
اوون
freezer
فریزر
dishwasher
پہانڈے دھون آلا

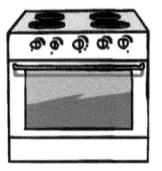

cooker

ککر

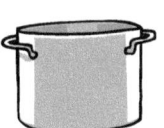

pot

پاٹ

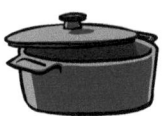

cast-iron pot

کاسٹ آئرن پاٹ

wok / kadai

ووک / کڈائی

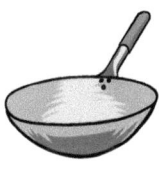

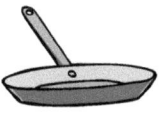

pan

پین

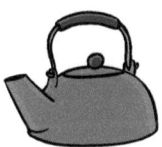

kettle

کیتلی

steamer

سٹیمر

baking tray

بیکنگ ٹرے

crockery

پھانڈے

mug

مگا

bowl

پیالہ

chopsticks

چوپ سٹکس

ladle

کرچھل

spatula

اسپالی

whisk

پھینٹن آلا

strainer

چھننا

sieve

چھننی

grater

جھاواں

mortar

کھان پکان آلا چمچہ

barbecue

باربی کیو

open fire

چولھا

chopping board

کٹنگ بورڈ

rolling pin

رولنگ پن

corkscrew

کارک سکرو

can

کین

can opener

کین کھلون آلا

pot holder

پاٹ پگڑن آلا

sink

سنک

brush

برش

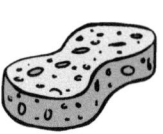

sponge

سپنج

blender

بلینڈڑ

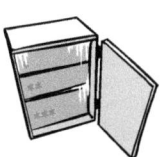

deep freezer

ڈیپ فریزر

baby bottle

بچے نی بوتل

tap

ٹوٹی

bathroom

باته روم

heating
ہیٹنگ
towel
تولیہ
shower
شاور
shower curtain
شاور کرٹن
bubble bath
ببل باتھ
bathtub
glass
گلاس
washing machine
واشنگ مشین
tap
ٹوٹی
tiles
ٹائل
potty
پاخانہ
sink
سنک

toilet

ٹوائلٹ

squat toilet

ٹوائلٹ

bidet

بڈٹ

urinal

پیشاب

toilet paper

ٹوائلٹ پیپر

toilet brush

ٹوائلٹ برش

toothbrush

ٹوتہ برش

toothpaste

ٹوتہ پیسٹ

dental floss

ڈینٹل فلاس

wash

دھونا

handheld shower

ہتہ وچ پھڑن آلا شاور

douche

شاور

basin

بیسن

back brush

بیک برش

soap

صابن

shower gel

شاور جیل

shampoo

شیپمو

flannel

فلالین

drain

نالی

cream

کریم

deodorant

ڈیوڈرنٹ

mirror

آئینہ

hand mirror

ہتھ آلا شیشہ

razor

استرا

shaving foam

شیونگ فوم

aftershave

آفٹر سیو

comb

کنگھا

brush

برش

hair dryer

ہئیر ڈرائر

hairspray

ہئیر سپرے

makeup

میک اپ

lipstick

لپ سٹک

nail varnish

ناخن نی وارنش

cotton wool

کاٹن وول

nail scissors

ناخن کتر

perfume

پرفیوم

washbag

واش بیگ

stool

پاخانہ

weighing scale

وزن دا پیمانہ

bathrobe

باتھ نی الماری

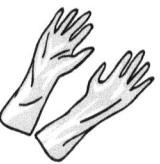

rubber gloves

ربر نے دستانہ

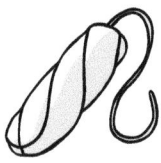

tampon

بفر

sanitary towel

تولیہ سٹینڈ

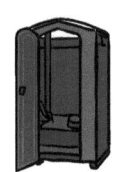

chemical toilet

کیمیکل ٹوائلٹ

child's room

بچیاں نا کمرہ

alarm clock
الارم کلاک
cuddly toy
کھڈونے
toy car
کھڈونا گڈی
rattle
present
تحفہ

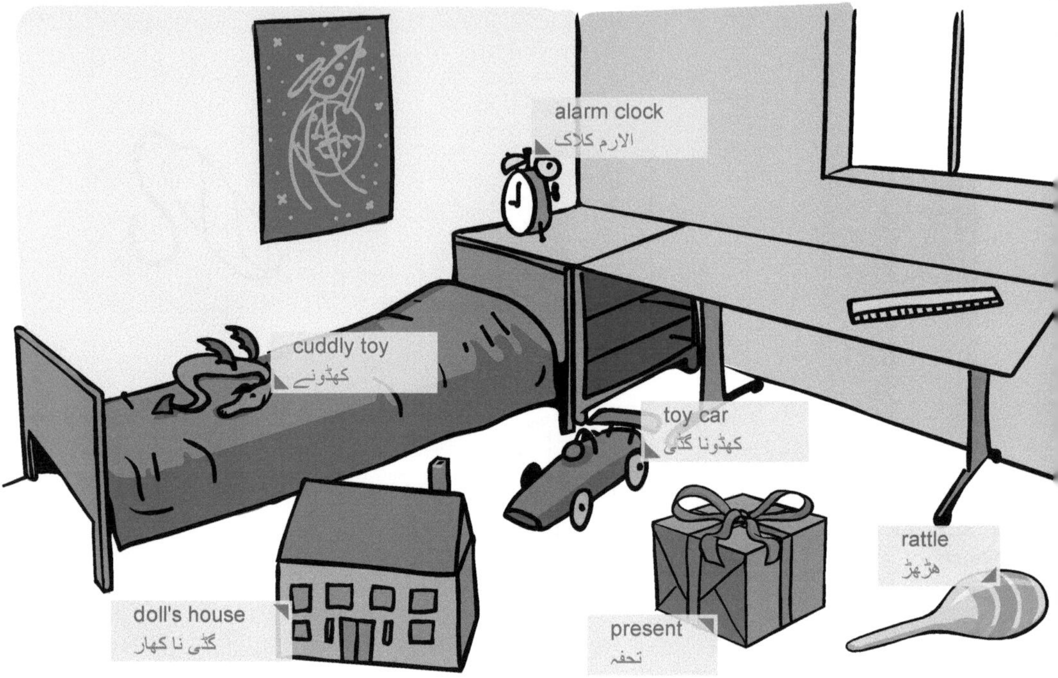

balloon

پھکانا

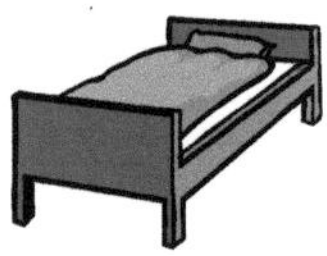

bed

بیڈ

pram

پرام

deck of cards

تاش نے پتے

jigsaw

جگ سا

comic

کامک

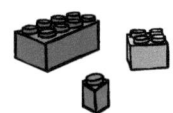

lego bricks

لیگو برکس

building blocks

بلڈنگ بلاکس

action figure

کھڈونا

babygrow

بےبی گرو

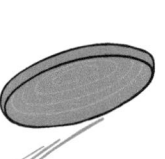

frisbee

فرزوی

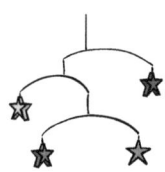

mobile

موبائل

board game

بورڈ گیم

dice

ڈائس

model train set

ماڈل ٹرن سیٹ

dummy

ڈمی

party

پارٹی

picture book

تصویری کتاب

ball

گیند

doll

گڈی

play

کھیڈنا

sandpit

سینڈ پٹ

swing

جھولا

toys

کھڈونے

video game console

ویڈیو گیم کنسول

tricycle

ٹرائی سائیکل

teddy bear

ٹیڈی بئیر

wardrobe

الماری

clothing

کپڑے

socks

جراباں

stockings

جراباں

tights

ٹائٹس

scarf
سکارف

umbrella
چھتری

t-shirt
ٹی شرٹ

belt
بیلٹ

boots
بوٹ

slippers
سلیپر

trainers
جوگر

sandals
سینڈل

shoes
جوتی

rubber boots
ربر نے جوتی

underpants
انڈر ونیر

bra
برا

vest
بنیان

body

جسم

trousers

پاجامہ

jeans

جینز

skirt

سکرٹ

blouse

برا

shirt

قمیض

pullover

سوئیٹر

hoodie

ہوڈی

blazer

کوٹ

jacket

جیکٹ

coat

کوٹ

raincoat

برساتی

costume

کاسٹیوم

dress

کپڑے

wedding dress

شادی نا جوڑا

suit

سوٹ

nightgown

راتے نے کپڑے

pyjamas

پاجامہ

sari

ساڑھی

headscarf

سکارف

turban

پگڑی

burqa

برقعہ

kaftan

کفتان

abaya

برقعہ

swimsuit

نہان والے کپڑے

trunks

انڈرونیر

shorts

نیکر

tracksuit

ٹریک سوٹ

apron

دھوتی

gloves

دستانے

button

بٹن

glasses

چشمہ

bracelet

بریسلیٹ

necklace

ہار

ring

انگوٹھی

earring

کنڈے

cap

ٹوپی

coat hanger

کوٹ ہینگر

hat

ٹوپی

tie

ٹائی

zip

زپ

helmet

ہیلمٹ

braces

بریسز

school uniform

سکول نی وردی

uniform

وردی

bib

بب

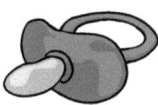

dummy

ڈمی

nappy

ناپی

office

دفتر

server
سرور
filing cabinet
فائلاں نے الماری
printer
پرنٹر
paper
کاغذ
monitor
مانیٹر
mouse
ماؤس
desk
میز
folder
فولڈر
keyboard
کی بورڈ
waste-paper basket
کچرے نا ڈبہ
chair
کرسی
computer
کمپیوٹر

coffee mug

کافی مگ

calculator

کیلکولیٹر

internet

انٹرنیٹ

laptop

لیپ ٹاپ

letter

خط

message

پیغام

mobile

موبائل

network

نیٹ ورک

photocopier

فوٹو کاپئیر

software

سافٹ وئیر

telephone

ٹیلیفون

plug socket

پلگ ساکٹ

fax machine

فکس مشین

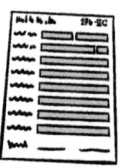

form

فارم

document

دستاویزات

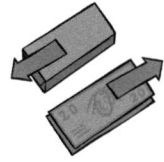

buy

خریدنا

pay

ادا کرنا

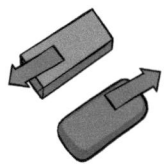

trade

تجارت

money

پیسہ

dollar

ڈالر

euro

یورو

yen

ین

rouble

ربل

Swiss franc

سویس فرانک

renminbi yuan

رینمینبی یوان

rupee

روپیہ

cashpoint

کیش پوائنٹ

bureau de change

ایکسچینج دفتر

gold

سونا

silver

چاندی

oil

تیل

energy

توانائی

price

قیمت

contract

معاہدہ

tax

ٹیکس

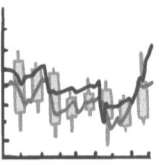

stock

سٹاک

work

کم

employee

ملازم

employer

آجر

factory

فیکٹری

shop

ہٹی

police officer
پلس افسر

fireman
اگ بجھان آلا

pilot
پائلٹ

doctor
ڈاکٹر

cook
کک

gardener

مالی

carpenter

برھئی

seamstress

درزن

judge

جج

chemist

کیمسٹ

actor

ایکٹر

bus driver

بس ڈرائیور

taxi driver

ٹیکسی ڈرائیور

fisherman

مچھیرا

cleaning lady

صفائی آلی جنانی

roofer

روفر

waiter

ویٹر

hunter

شکاری

painter

پینٹر

baker

بیکری آلا

electrician

الیکٹریشن

builder

تعمیرات آلا

engineer

انجینئیر

butcher

قصائی

plumber

پلمبر

postman

پوسٹ مین

soldier

سپاہی

architect

آرکیٹیکٹ

cashier

کیشئیر

florist

پھلاں آلا

hairdresser

نائی

conductor

کنڈکٹر

mechanic

مکینک

captain

کپتان

dentist

دندان ساز

scientist

سائنس دان

rabbi

ربائی

imam

امام

monk

راہب

clergyman

انگریز

tools
ٹولز

hammer
ہتھوڑا
pliers
پلائر
screwdriver
سکریو ڈرائیور
spanner
سپینر
torch
ٹارچ

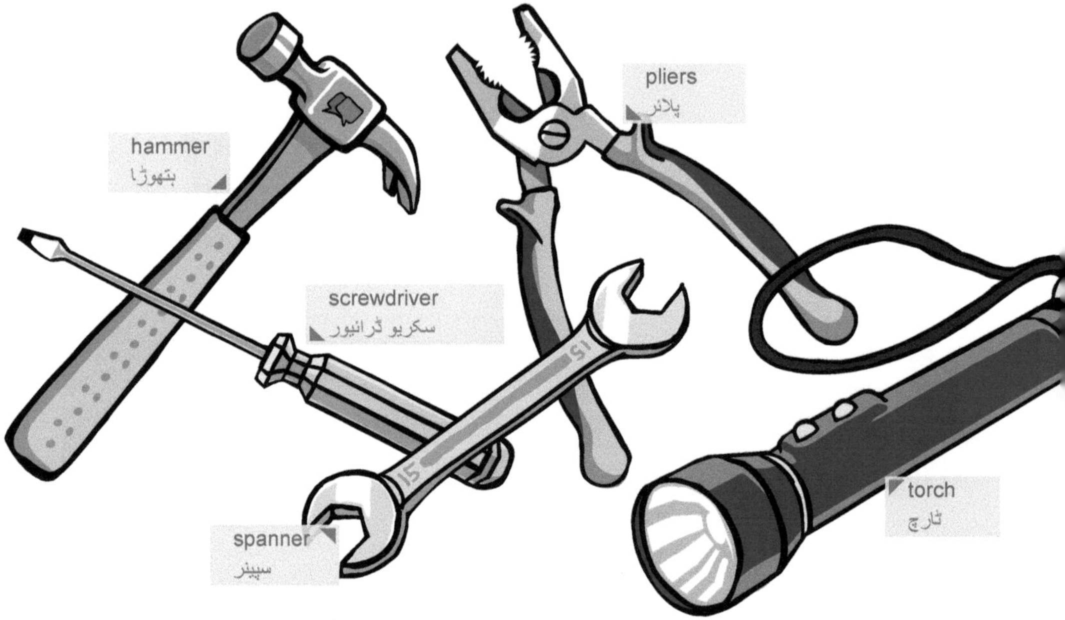

digger

پھاوڑا

toolbox

ٹول باکس

ladder

سیڑھی

saw

آری

nails

کیل

drill

ڈرل

repair

مرمت

shovel

شاول

Damn!

لعنت!

dustpan

ڈسٹ پین

paint pot

پینٹ پاٹ

screws

سکریوز

musical instruments
موسیقی نے آلات

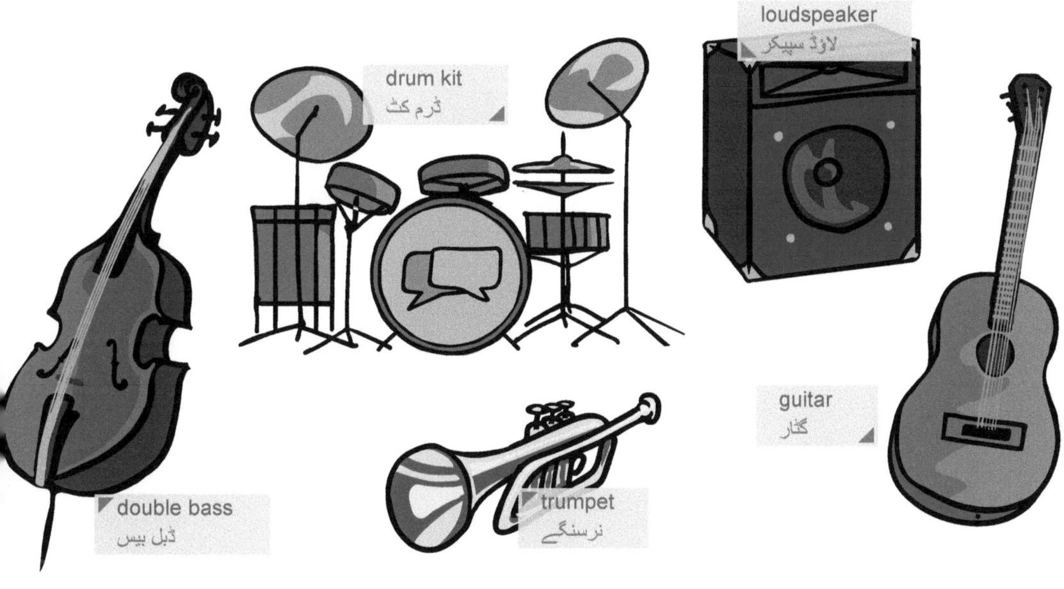

loudspeaker
لاؤڈ سپیکر

drum kit
ڈرم کٹ

guitar
گٹار

double bass
ڈبل بیس

trumpet
نرسنگے

piano

پیانو

violin

وائلن

bass

بیس

timpani

ٹمپانی

drums

ڈرمز

keyboard

کی بورڈ

saxophone

سیگزو فون

flute

بانسری

microphone

مائکروفون

entrance
داخلہ

tiger
چیتا

cage
پنجرہ

zebra
زیبرا

animal feed
جانوروں دا کھانا

panda
پانڈا

animals

جانور

elephant

ہاتھی

kangaroo

کینگرو

rhino

گینڈا

gorilla

گوریلا

bear

ریچھ

camel

اونٹ

ostrich

شترمرغ

lion

شیر

monkey

باندر

flamingo

فلیمنگو

parrot

طوطا

polar bear

برفانی ریچھ

penguin

پینگوئین

shark

شارک

peacock

مور

snake

سپ

crocodile

مگر مچھ

zookeeper

چڑیا گھر دا رکھوالا

seal

سیل

jaguar

جیگوار

pony

پونی

leopard

لیپرڈ

hippo

ہپو

giraffe

زرافہ

eagle

چیل

boar

نر سور

fish

مچھی

turtle

کیچھوا

walrus

والرس

fox

لومبڑ

gazelle

گیزل

sports
کھیڈنا

American football
امریکن فٹابل
cycling
سائکلنگ
tennis
ٹینس
basketball
باسکٹ بال
swimming
سوئیمنگ
ice hockey
آئس ہاکی
boxing
باکسنگ

football
....
فٹبال

badminton
....
بیڈ منٹن

athletics
....
ایتھلیٹکس

handball
....
ہینڈ بال

skiing
....
سکیینگ

polo
....
پولو

laugh
بنسنا

jump
چهال مارنا

hug
چهپی پانا

walk
چلنا

sing
گانا گانا

dream
خواب

pray
دعا

kiss
بوسہ

write
لکهنا

draw
لیک لانا

show
وکهانا

push
دهکا

give
دینا

take
لینا

have

ہے وے

do

کرنا

be

ہو

stand

کھلونا

run

دوڑنا

pull

چیھکنا

throw

سٹنا

fall

ٹھینا

lie

جھوٹ

wait

انتظار

carry

چکنا

sit

بیھنا

get dressed

کپڑے پانا

sleep

سونا

wake up

جاگنا

look at

ویکھنا

cry

رونا/چلانا

stroke

سٹروک

comb

کنگھا

talk

گل کرنا

understand

سمجھنا

ask

پوچھنا/دسنا

listen

سننا

drink

پینا

eat

کھانا

tidy up

تیار ہونا

love

محبت

cook

پکانا

drive

گڈی چلانا

fly

اڈنا

sail

سمندری سفر

calculate

کیلکولیٹ

read

پڑھنا

learn

سیکھنا

work

کم

marry

شادی

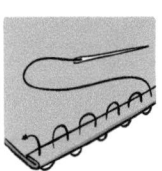

sew

سیونا

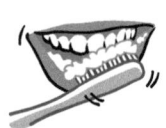

brush teeth

دند صاف

kill

قتل

smoke

دھواں

send

بھیجنا

family
کنبہ

grandmother
دادی
grandfather
دادا
father
پیو
mother
ماں
baby
بچہ
daughter
دھی
son
پتر

guest

مہمان

aunt

ماسی / پھو

uncle

چاچا/ماما

brother

بھرا

sister

بہن

body

جسم

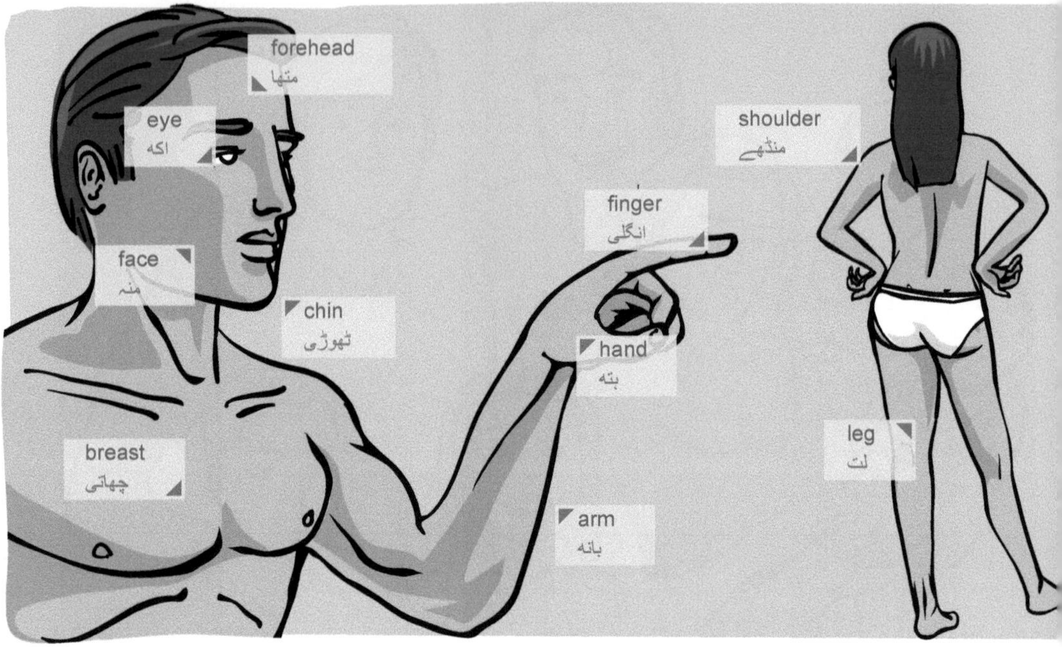

forehead
متها

eye
اکه

shoulder
منڈھے

finger
انگلی

face
منہ

chin
ٹھوڑی

hand
بتہ

breast
چھاتی

leg
لت

arm
بانہ

baby

بچہ

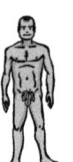

man

بندہ

woman

جنانی

girl

کڑی

boy

مڑا

head

سر

body - جسم

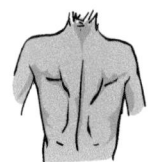

back

کمر

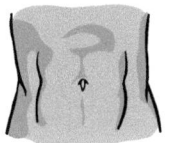

belly

ٹھڈ

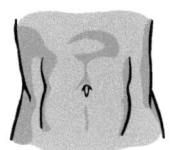

belly button

تھنی

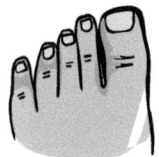

toe

پنجہ

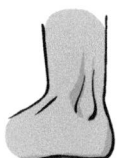

heel

اڈی

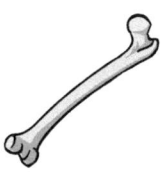

bone

ہڈہ

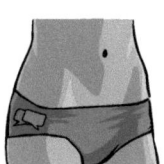

hip

کولہے

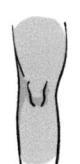

knee

گوڈے

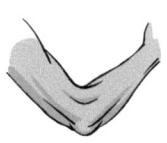

elbow

کہنی

nose

نک

bottom

زیر جامہ

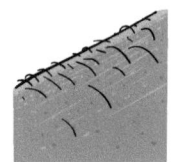

skin

کھل

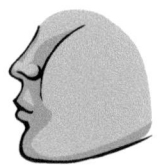

cheek

گلاں

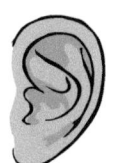

ear

کن

lip

بل

mouth

منہ

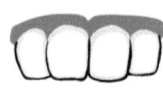

tooth

دند

tongue

زبان

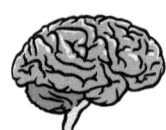

brain

دماغ

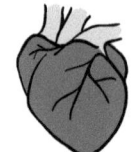

heart

دل

muscle

پٹھے

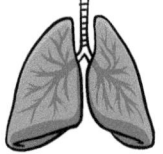

lung

پھیپڑے

liver

جگر

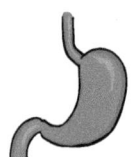

stomach

ٹھڈ

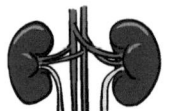

kidneys

گردے

sex

جنس

condom

کنڈم

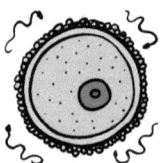

ovum

انڈے

semen

منی

pregnancy

حمل

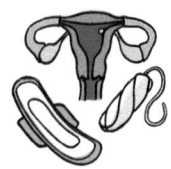

menstruation

....

حیض

vagina

....

اندام نہانی

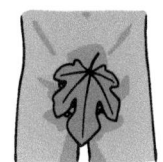

penis

....

عضو تناسل

eyebrow

....

بھوں

hair

....

بال

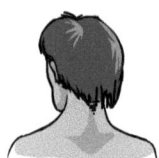

neck

....

گردن

hospital

ہسپتال

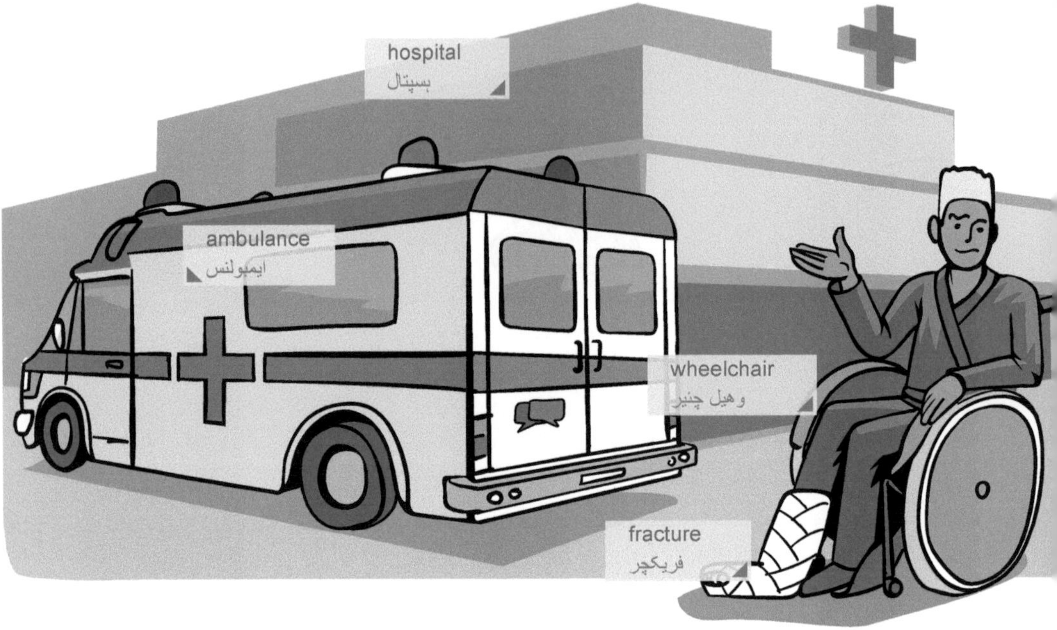

hospital
ہسپتال
ambulance
ایمبولنس
wheelchair
وھیل چئیر
fracture
فریکچر

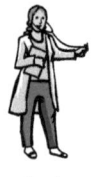

doctor

ڈاکٹر

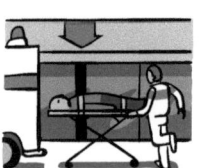

emergency room

ہنگامی کمرہ

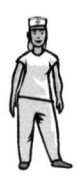

nurse

نرس

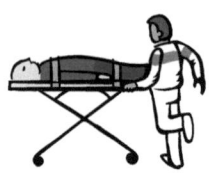

emergency

ایمرجنسی

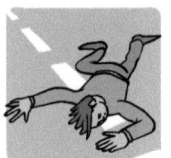

unconscious

بے ہوش

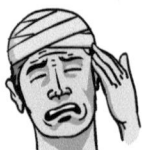

pain

درد

injury

سٹ

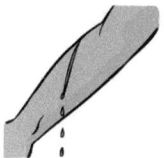

bleeding

خون نکلنا

heart attack

دل نا دورہ

stroke

فالج

allergy

الرجی

cough

کھنگ

fever

تپ

flu

نزلہ

diarrhoea

اسہال

headache

سر درد

cancer

کینسر

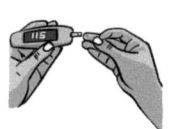

diabetes

شوگر(ذیابطس)

surgeon

سرجن

scalpel

سکیلیپل

operation

آپریشن

CT

سی ٹی

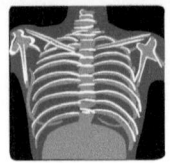

x-ray

ایکسرے

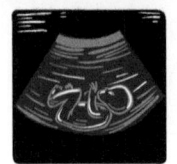

ultrasound

الٹرا ساؤنڈ

face mask

چہرہ نا ماسک

disease

بماری

waiting room

انتظار گاہ

crutch

بیساکھی

plaster

پلستر

bandage

پٹی

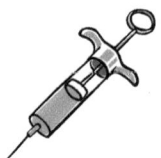

injection

ٹیکہ

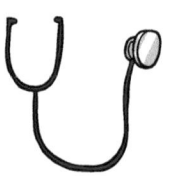

stethoscope

سٹیتھوسکوپ

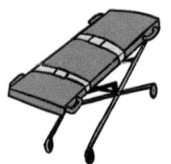

stretcher

اسٹریچر

clinical thermometer

کلینکل تھرمومیٹر

birth

پیدائش

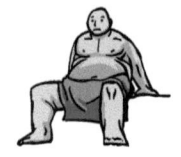

overweight

زائدالوزن

hearing aid

سنن لئی آلہ

disinfectant

جراثیم کش

infection

متعدی مرض

virus

وائرس

HIV / AIDS

HIV/AIDS

medicine

دوائی

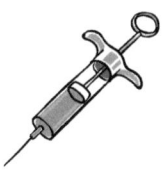

vaccination

ویکسینیشن

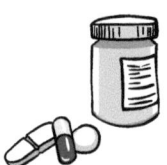

tablets

گولیاں

pill

گولی

emergency call

ہنگامی کال

blood pressure monitor

بلڈ پریشر مانیٹر

ill / healthy

بیمار / صحتمند

emergency
ایمرجنسی

Help!

مدد!

alarm

الارم

assault

حملہ

attack

حملہ

danger

خطرہ

emergency exit

ہنگامی اخراج

Fire!

اگ!

fire extinguisher

اگ بجاھن والا آلہ

accident

حادثہ

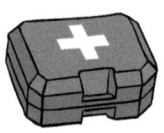

first-aid kit

فرسٹ ایڈ کٹ

SOS

SOS

police

پلس

Earth
زمین

Europe

یورپ

North America

شمالی امریکہ

South America

جنوبی امریکہ

Africa

افریقہ

Asia

ایشیاء

Australia

آسٹریلیا

Atlantic

اٹلانٹک

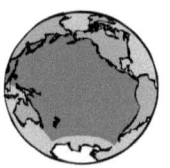

Pacific

پیسیفک

Indian Ocean

بحیرہ ہند

Antarctic Ocean

بہیرہ انٹارکٹک

Arctic Ocean

بہیرہ آرکٹیک

North Pole

قطب شمالی

South Pole

قطب جنوبی

Antarctica

انتارکتیکا

Earth

زمین

land

خشکی

sea

سمندر

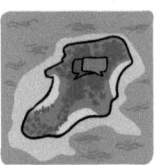

island

جزیره

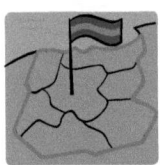

nation

قوم

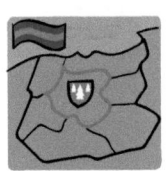

state

ریاست

clock

گھڑی

clock face

کلاک فیس

hour hand

نکی سوئی

minute hand

وڈی سوئی

second hand

سیکنڈ ہینڈ

What time is it?

کی ٹائم ہویا اے؟

day

دن

time

وقت

now

ہون

digital watch

ڈیجیٹل گھڑی

minute

منٹ

hour

گھنٹہ

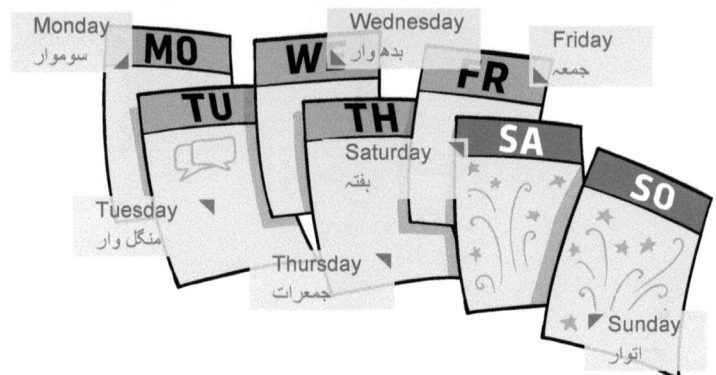

Monday
سوموار

Wednesday
بدهوار

Friday
جمعه

Tuesday
منگل وار

Saturday
ہفتہ

Thursday
جمعرات

Sunday
اتوار

yesterday
کل

today
اج

tomorrow
کل

morning
سویر

noon
دوپہر

evening
شام

MO	TU	WE	TH	FR	SA	SU
1	2	3	4	5	6	7
8	9	10	11	12	13	14
15	16	17	18	19	20	21
22	23	24	25	26	27	28
29	30	31	1	2	3	4

business days
کاروباری دن

MO	TU	WE	TH	FR	SA	SU
1	2	3	4	5	6	7
8	9	10	11	12	13	14
15	16	17	18	19	20	21
22	23	24	25	26	27	28
29	30	31	1	2	3	4

weekend
ویک اینڈ

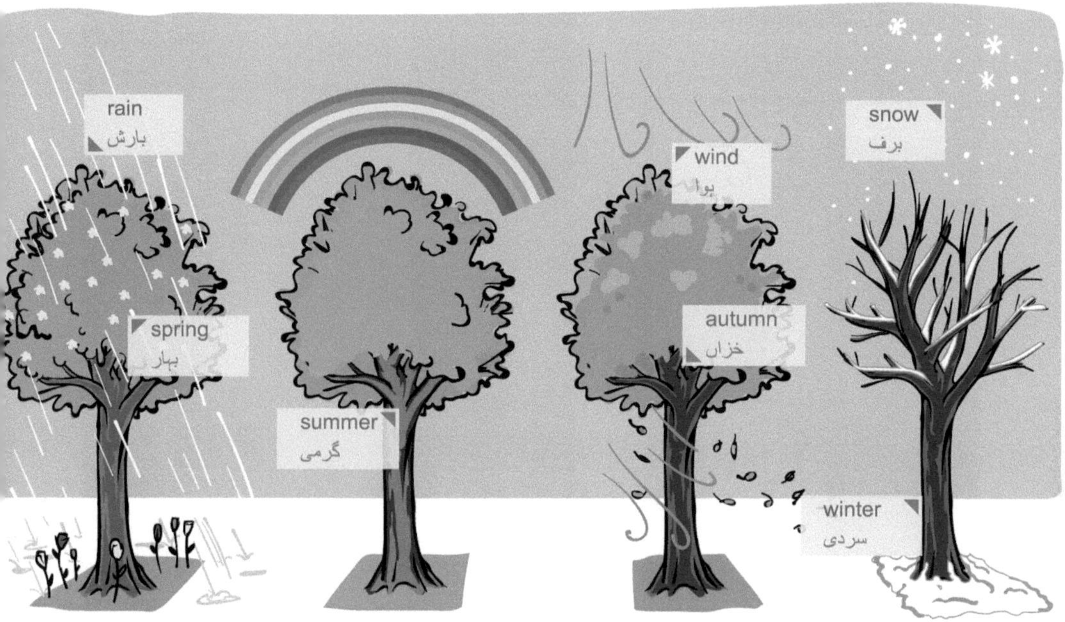

rain
بارش
wind
ہوا
snow
برف
spring
بہار
autumn
خزاں
summer
گرمی
winter
سردی

4.APRIL 11°
5.APRIL 4°
6.APRIL 13°
7.APRIL 8°
8.APRIL 10°

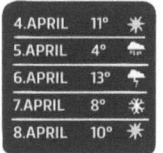

weather forecast

موسمی پیشگوئی

F
C
120
90
60
30
0
-30
40
30
20
10
0
-10
-20

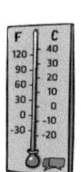

thermometer

تھرمامیٹر

sunshine

سورج نے چمک

cloud

بدل

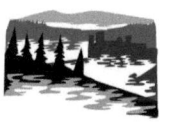

fog

دھند

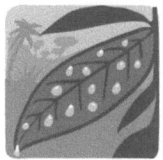

humidity

نمی

lightning

بجلی کڑکنا

thunder

گرج

storm

نہیری

hail

اولے

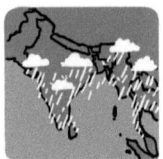

monsoon

ساون

flood

سیلاب

ice

برف

January

جنوری

February

فروری

March

مارچ

April

اپریل

May

مئی

June

جون

July

جولائی

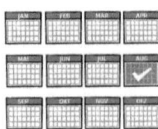

August

اگست

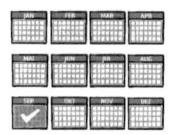

September

ستمبر

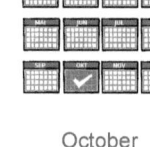

October

اكتوبر

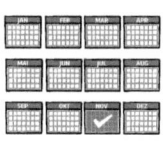

November

نومبر

December

دسمبر

shapes

شكلاں

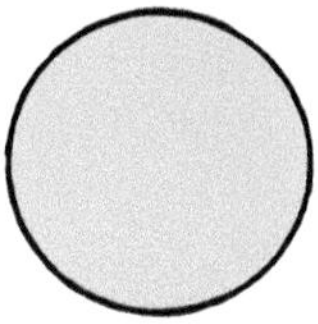

circle

گول

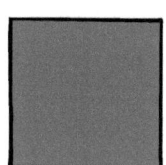

square

چوكور

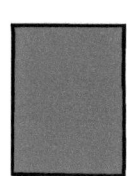

rectangle

مستطيل

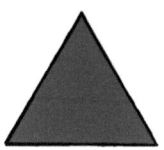

triangle

مثلث

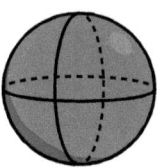

sphere

دائره نما

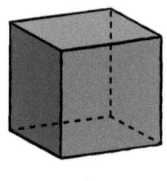

cube

مكعب

colours

رنگ

white

چٹا

yellow

پیلا

orange

نارنجی

pink

گلابی

red

رتا

purple

جامنی

blue

نیلا

green

ہرا

brown

کتھئی

grey

سرمئی

black

کالا

a lot / a little

زیادہ / گھٹ

angry / calm

ناراض / پرسکون

beautiful / ugly

خوبصورت / بدصورت

beginning / end

ابتداء / اختتام

big / small

وڈّا / نکا

bright / dark

روشن / نھیرا

brother / sister

بھرا / بہن

clean / dirty

صاف / گندا

complete / incomplete

مکمل / نا مکمل

day / night

دن / رات

dead / alive

مردہ / اندہ

wide / narrow

چوڑا / تنگ

edible / inedible

خوردنی / ناقابل خوردنی

evil / kind

پھیڑا / چنگا

excited / bored

خوش / ناخوش

fat / thin

موٹا / پتلا

first / last

پہلا / آخری

friend / enemy

دوست / دشمن

full / empty

بھریا / خالی

hard / soft

سخت / نرم

heavy / light

بھاری / ہلکا

hunger / thirst

بھوک / پیاس

ill / healthy

بیمار / صحتمند

illegal / legal

قانونی / غیر قانونی

intelligent / stupid

ذہین / بیوقوف

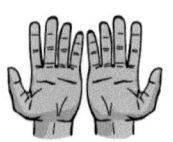

left / right

کھبا / سجا

near / far

کولے / دور

new / used

نواں / پرانا

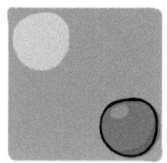

nothing / something

کجھ نئیں / سب کجھ

old / young

بڈھا / جوان

on / off

کھولنا / بند کرنا

open / closed

کھولنا / بند کرنا

quiet / loud

خاموشی / شور

rich / poor

امیر / غریب

right / wrong

درست / غلط

rough / smooth

کھردرا / ہموار

sad / happy

افسردہ / خوش

short / long

نکا / لما

slow / fast

آہستہ / تیز

wet / dry

گیلا / خشک

warm / cool

گرم / ٹھنڈا

war / peace

جنگ / امن

numbers

اعداد

0

zero

صفر

1

one

اک

2

two

دو

3

three

تن

4

four

چار

5

five

پنج

6

six

چه

7

seven

ست

8

eight

اٹه

9

nine

نو

10

ten

دس

11

eleven

یاراں

12

twelve

باراں

13

thirteen

تیراں

14

fourteen

چودا

15

fifteen

پندرہ

16

sixteen

سولہ

17

seventeen

ستاراں

18

eighteen

اٹھاراں

19

nineteen

انیہ

20

twenty

وی

100

hundred

سو

1.000

thousand

ہزار

1.000.000

million

ملین

languages

بولی

English

انگریزی

American English

امریکی انگریزی

Chinese Mandarin

چینی میڈرین

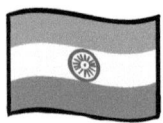

Hindi

ہندی

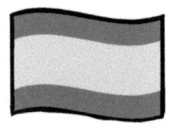

Spanish

سپینش

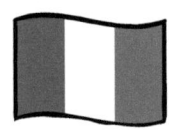

French

فرینچ

Arabic

عربی

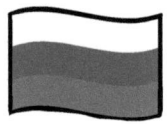

Russian

رشئین

Portuguese

پرتگالی

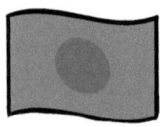

Bengali

بنگالی

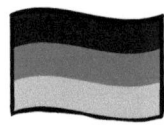

German

جرمن

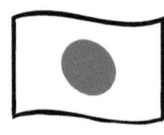

Japanese

جاپانی

who / what / how
کون/ کی / کیوں

I

میں

you

توں

he / she / it

وہ/وہ/ایہہ

we

اسیں

you

توں

they

او

who?

کون؟

what?

کی؟

how?

کیوں؟

where?

کتھے؟

when?

کدوں؟

name

ناں

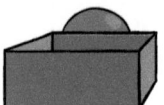

behind

پچھے

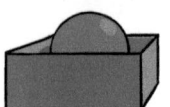

in

وچ

in front of

نے سامنے

over

تے

on

تے

under

ہیٹھ

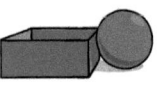

beside

سوا

between

مابین

place

جگہ